SOCIÉTÉ DES AMIS DES ARTS

DE LA MOSELLE

SOUS LE PATRONAGE DE L'ACADÉMIE IMPÉRIALE DE METZ

EXPOSITION DE 1865

CATALOGUE

PRIX : 25 CENTIMES

METZ

F. BLANC, IMPRIMEUR DE L'ACADÉMIE IMPÉRIALE

1865

SOCIÉTÉ DES AMIS DES ARTS

DE LA MOSELLE

SOUS LE PATRONAGE DE L'ACADÉMIE IMPÉRIALE DE METZ

EXPOSITION DE 1865

CATALOGUE

PRIX : 25 CENTIMES

METZ

F. BLANC, IMPRIMEUR DE L'ACADÉMIE IMPÉRIALE

1865

SOCIÉTÉ DES AMIS DES ARTS

DE LA MOSELLE

EXPOSITION DE 1865

(Voir au Supplément le détail des œuvres exposées par les artistes dont on n'a pu donner que les noms.)

APPIAN (A.), 10, rue de la Michodière, à Paris, et 13, rue des Prêtres, à Lyon.

1. Paysage.
2. Paysage.

B... (le D^r), à Thionville.

3. Coffret en bois sculpté.
4. Reliure d'album, en bois sculpté.
5. Buste en bronze ciselé.

BAIL (Antoine), 5, place Rouville, à Lyon.

6. Intérieur rustique.

BARILLOT (Pierre-Léon), 9, rue des Bénédictins, à Metz. — Élève de Cathelinaux.

7. Fleurs.

BELLEVOYE (Ed.), graveur, rue du Four-du-Cloitre, 5, à Metz. — Élève de M. Michaux.

8. Église de Rozérieulles.
9.   — de Chazelles.
10.   — de Vaux.
11.   — d'Ancy-sur-Moselle.
12. Ruines de Chatel-Saint-Germain.
13. Arches de Jouy.   Gravures.

BIARD, aux Plâtreries, près Fontainebleau.

14. Quatre heures au Salon : « On va fermer ! »

BING (Joseph), graveur, 8, rue Beaurepaire, à Paris. — Élève de l'École de dessin de la ville de Metz et de M. Bellevoye.

15. Portrait de M. le grand rabbin Lambert.
                              Gravure au burin.

BOULANGER (Louis), directeur de l'École impériale des beaux-arts et du musée de Dijon.

16. Le Déjeuner du colporteur.

BOURGES (Mlle Léonide - Pauline - Élisa), 54, rue Saint - Georges, à Paris. — Élève de

MM. Th. Salmon et Ed. Frère. — Médailles à Genève et Nancy.

17. Ruisseau à Saint-Valéry.
18. Une rue à Anvers.

BRISSOT DE WARVILLE (Félix), à la Malmaison (Seine-et-Oise).

19. Souvenir des Pyrénées.
20. Côtes de Bretagne.

CHARPENTIER (Alfred), 38, rue Richelieu, à Paris.

21. Le Repos : « Intelligence, Force et Liberté ».
   Tableau peint à l'Euréka.

CHARPENTIER (L.), 6, faubourg d'Einville, à Lunéville.

22. Un Pauvre montrant l'image de la Vierge.

CHATROUSSE (Émile), statuaire. — Élève d'Abel de Pujol et de Rude, 115, rue Notre-Dame-des-Champs, à Paris. — Médailles d'or à Paris, 1863 et 1864 ; — grande médaille d'or à Lyon en 1863 ; — etc.

23. Héloïse et Abeilard.   Groupe en terre cuite émaillée.
24. La Petite vendangeuse.   Id.
   Émaux de M. Bouvert.

CLAUDET (Max), statuaire, à Salins (Jura).

25. Enfant qui dort. — Statue plâtre.
26. Médaillon du peintre Courbet. — Plâtre.
27. Vigneron du Jura, faisant des échalas.
— Statue terre cuite.

CLÈRE (Jacques-François-Camille), 116, rue Lafayette, à Paris.

28. Souvenir de Pompéï : le Forum.

CLÈRE (Georges), statuaire, 11, rue de Laval, à Paris. — Grande médaille d'or à Nancy.

29. Hercule étouffant le lion de Némée. — Bronze.
30. Un Bestiaire moderne. — Id.
31. Un Pot à tabac. — Terre cuite.

COLLIGNON (C.), 59, rue des Bénédictins, à Metz.

52. Chemin de la grotte de Saint-Béat (Suisse). Aquarelle.
53. Souvenir de Suisse. — Id.
54. Souvenir de Suisse. — Id.
55. Près du lac de Thoun. — Id.
56. Les rives de la Sarre (Prusse). — Id.
57. Souvenir d'Écosse. — Id.

COTELLE-HÉBERT (Amand), 49, rue du Palais-de-Justice, à Melun.

58. Une cour de ferme.
59. Les premiers pas. — Aquarelle.

COUTURIER (Philibert-Léon), à Paris. — Médaille de 2ᵉ classe.

40. Basse-cour.

DEMOGET.

(V. Supplément à la fin.)

DEVILLY (Théodore-Louis). — Médaille d'or à Paris, rappel de Médaille aux Expositions de Paris, 1857, 1859, 1861 ; — Médaille d'honneur à l'Exposition de Metz, 1861.

41. Solitude.	Appartient	à M. Béving.
42. Le Clairon.	—	à M. Gandar.
43. Nymphe chasseresse.	—	à M. Fabricius.
44. Cuirassier blessé.	—	à M. Fabricius.
45. Le Coup de lance, copie d'après Rubens.		Aquarelle.
46. Pâtre breton.		Id.

DIDIOT (Mᵐᵉ ZOÉ), 8, rue Saint-Christophe (Parvis N. D.), à Paris.

47. La Prière.
48. Les Petits gourmands.
49. Petites écolières surprises par la neige.

FAIVRE (Emile), rue des Murs, à Metz. — Élève de M. Maréchal. — Mentions honorables à

Paris en 1862 et 1863; — six Médailles à Nancy, Metz, Nantes et Bayonne.

50. Gibier sur une table (panneau faisant partie de la décoration d'une salle à manger).
Appartenant à Mlle G.
51. Cygne mort.
52. Pavots sur pied et roses coupées.
53. Pêches et raisins sur l'herbe.
54. Abricots et prunes à la branche.
55. Fraises et framboises sur une feuille de chou.
56. Fruits sur table.   Appartient à M. Huot fils.
57. Roses.   —   à M. M.
58. Couple de chevreuils au bois.   —   à Mlle S.

FAIVRE (Mme VICTORINE), rue des Murs, Metz. — Élève de M. Maréchal. — Médailles à Metz, 1861, — à Nancy, en 1864.

59. Portrait de M. C.-d'H., officier d'infanterie.
60. Portrait d'enfant.
61. Portrait d'enfant.
62. Rhododendron.   Aquarelle.
63. Chrysanthème et Mahonia.   Id.

FANART (ANTONIN), 6, rue Neuve, à Besançon. — Élève de Diday. — Mention honorable à Paris; — Médaille d'argent, Metz, 1861, et à Nancy, Besançon, Bayonne.

64. Bords de la Loire.
65. Crépuscule dans la vallée de l'Ain (Jura).

FINE-LACAPELLE (Mme), à Metz. — Élève de son père.

66. Tulipes, Iris et Avoine.
67. Camélia, Rose jaune et Pâquerettes.

FLICK (Emile), rue Serpenoise, à Metz.

68. Après la chasse.
69. Montagnard italien.   Tête d'étude au fusain.

FRANÇOIS (Félix), 30, rue des Jardins, à Metz. — Élève de M. Migette.

70. Paysage.   Crayon noir.

FREMY (Jacques-Noel-Marie), 8, rue Saint-Christophe, à Paris. — Élève de Regnault et de David. — 2ᵉ Médaille à Paris.

71. La Pièce d'eau des Suisses, à Versailles.

> En 1860, la pièce d'eau des Suisses fut transformée, au moyen de pompes et d'auges, en abreuvoir pour les chevaux de la garnison; la ville étant privée d'eau par suite des travaux de restauration de la machine de Marly.

FRICOTEL (J.), à Metz. — Élève de Palianti.

72. L'Aïeule, d'après M. Schneider.   Aquarelle.

FRICOTEL (Mme J.), à Metz. — Élève de Léon Cogniet.

73. Portrait de Mme X.
74. Épisode de la guerre de Crimée, d'après Janet-Lange.

FRIDERICH (André), statuaire, 12, quai Saint-Jean, à Strasbourg.

75. Enfant se réveillant et cherchant à se débarrasser de son voile pour voir la lumière.
Statue en marbre de Carrare.

FRUTIAUX (D.), 29, rue du Clou-dans-le-Fer, à Reims. — Élève de MM. Maréchal et Migette. — Médaille de bronze à l'Exposition universelle de Metz.

76. Portrait de Mme F.
77. Portrait de M. C. N.

GUÉNOT (Florimond), 71, rue de l'Université, à Paris. — Élève de Tourneux.

78. Vue des îles d'Asnières, près Paris.   Effet du matin.

HAILLECOURT (Mlle C.), rue Bonne-Ruelle, n° 1, à Metz.

79. Portraits et copie d'après J. de Calcar.   Miniature.
80. Pivoines.   Pastel.
81. Iris et Narcisses.   Id.
82. Tête de jeune fille.   Id.

HIRSCH (E.), né à Metz, 22, rue Gauthey, avenue de Clichy, à Paris. — Élève de MM. E. Delacroix et Félix Flandrin.

83. La Visitation de la sainte Vierge.

JEANNIOT (Pierre-Alexandre), 36, rue Jeannin, à Dijon.

84. Intérieur de forêt.
85. Le Bois au printemps.

KIRSTEIN (Adolphe), 9, porte aux Juifs, à Strasbourg.

86. Site du haut plateau de la forêt Noire.

LAYS, 5, place d'Ainay, à Lyon. — Élève de Saint-Jean. — Médailles d'or et d'argent à Lyon, Genève, Dijon, Marseille, etc.

87. Un Bouquet de fleurs variées.

LECOCQ (Adrien-Louis), 71, rue de l'Université, à Paris. — Élève de Tourneux et d'Henriquel Dupont.

88. Vue prise au pont de Billancourt, près Paris.

LALLEMENT (Mlle Marguerite-Alexandrine), 10, rue de l'Évêché, à Metz. — Élève de M. Hussenot.

89. Trois portraits : Mlle A. F.
       Mme D.
       M. E. de R.   Fixé à l'huile.
90. Portrait de M. P.
91. Id. de M. L.

92. Portrait de Mᵐᵉ L.
93. Le Sacré cœur de Jésus.

LEMUD (A. DE), à Pont-à-Mousson.

94. Beethoven. Gravure.
95. Saint Martin. Destiné à l'église de Pont-à-Mousson.
Plâtre.

MARÉCHAL.

(V. Supplément à la fin.)

MENNESSIER (AUGUSTE), à Metz.

96.	Paysage.	Dessin.
97.	Id.	Id.
98.	Id.	Id.
99.	Id.	Id.
100.	Id.	Id.
101.	Id.	Id.
102.	Id.	Id.
103.	Id.	Id.
104.	Id.	Id.
105.	Id.	Id.

MICHEL (FRANÇOIS-ÉMILE), 4, rue des Prisons-Militaires, à Metz.

106. Bords de la Seille (parc de la Grange-aux-Ormes).
Appartient à M. Émile Bouchotte.
107. Une Source (forêt de Waldeck).

108. Mare dans les clairs-chênes.
> Appartient à M. Clément-d'Huart.

109. Les Vanneaux (mars).
110. Arches romaines, près d'Ars.
111. Barques de pêche, sur la côte de Menton.
112. Les Cigognes (matin).
113. Eaux mortes de Jouy.
114. Pêche de nuit.

MIGETTE.
(V. Supplément à la fin.)

NICOLAS (Hippolyte), 30, rue Fournirue, à Metz.

115. Nature morte.
116. Nature morte.

ODINOT, photographe, 130, rue Saint-Dizier, à Nancy.

117. Porte des volontaires, à Nancy.
118. Fontaine de la place Stanislas, à Nancy.
119. Palais ducal, à Nancy.
120. Portrait de femme.
121. Portrait d'homme.
122.   Id.
123.   Id.
124.   Id.
125.   Id.
126. Groupe de portraits.

OUVRIÉ (Justin), 77, rue Pigalle, à Paris. —

Chevalier de la Légion d'honneur. — Médailles de 1re, 2e et 3e classe aux Expositions de Paris.

127. Souvenir de la Moselle (Prusse).

PAU (Mlle Marie-Edmée), 7, rue de la Pépinière, Nancy.

128. Quatorze dessins dans un cadre :
    Adieux de Jeanne Darc (le myosotis de Lorraine).
    L'*Angelus* du matin.
    L'*Angelus* de midi.
    Une Fleur des psaumes.
    Traduction du Noël d'Adam, n° 9.
    Page 13e du Rêve d'une femme.
            (Poésie de Mme Desbordes-Walmore.)
    Page 17e idem.
    Page 18e idem.
    Traduction du Noël d'Adam, n° 5.
    Carte de visite.
    Série du *Pater*, n° 2.
    Page 5e du Rêve d'une femme.
    Série du *Pater*, n° 3.
    Carte de visite.   Dessins à la mine de plomb.

PAIGNÉ (Mlle M.), à Metz.

129. Fleurs au pastel.   Appartient à M. Émile B....
130.   Id.   Id.
131.   Id.

(Voir la suite au Supplément.)

PALIANTI (Ch.), 57, Petite-Carrière, à Nancy.

132. Vue de Boulogne.
133. Souvenirs de Rome.
134. Fontaine Saint-Maclou, à Rouen.
135. Liverdun.
136. Les Saules de Pixéricourt.
137. Vallée de Sallenche (Savoie.)   Aquarelles.

PÊTRE (Charles), statuaire, 12, rue des Prisons-Militaires, à Metz.

138. Scipion enfant.   Marbre.
       Appartient à la ville de Metz.
139. D. Calmet, statue en bronze, érigée à Commercy.
       Photographie.

R......, à Metz.

140. Investiture de chefs arabes, à Laghouat.
       Aquarelle d'après le tableau du commandant Flogny.
141. Descente de croix.   Aquarelle d'après ......

RONNER (Mme Henriette), membre de l'Académie royale des Beaux-Arts de Rotterdam, 172, chaussée d'Esterbeck, à Bruxelles.— Médailles d'or et d'argent à La Haye, Metz, Troyes, Dijon, Lyon, Nancy, Rouen, etc.

142. La Nouvelle du jour.
143. Le Bonheur en famille.
144. Chien attelé.

ROSIER (Amédée), 24, rue des Martyrs, à Paris.
— Élève de MM. Léon Cogniet et Durand-Brager.

145. Environs de Venise (soleil couchant).
146. Le Grand canal à Venise (crépuscule).

ROSIER (Jules), élève de MM. Bertin et Paul Delaroche, 1, rue des Murs-Fendus, à Argenteuil (Seine-et-Oise).

147. Cour de ferme à Trouville (Calvados.)

SAUVAGE (Philippe), à Villiers-le-Bel (Seine-et-Oise). — Élève de M. A. Dupuis.

148. La Toilette.
149. Enfants jouant.

SARTORIUS (Mlle Virginie de), 4, rue des Augustins, à Liége.

150. Fleurs.

SCHENCK (Auguste-Frédéric-Albert), à Ecouen (Seine-et-Oise). — Élève de M. Léon Cogniet.

151. Chèvres et Moutons au bord de la mer.

SCHWEITZER (Emile), 10, quai des Bateliers, à Strasbourg.

152. Le Soir, ou l'Invitation à une promenade en gondole
Aquarelle.

SIMON (Jean-Baptiste-Léon), 9, rue du Moyen-Pont, à Metz. — Élève de MM. Migette et Hussenot.

153.	Paysage.	Fusain.
154.	Id.	Id.

TEXTE-GUGNON (Mme), à Metz.

154 bis.	Raisins au panier.	Pastel.
155.	Raisins, Poires et Nèfles.	Id.
156.	Poires et Raisins blancs.	Id.
157.	Paniers de Raisin.	Id.
158.	Mennechée.	Id.
159.	Pommes et Raisins.	Id.

THOMAS (Adolphe-Jean-Louis), à Masso (Oise). — Élève de Français.

160. Plateau de Belle-Croix, forêt de Fontainebleau.

TOUCHEMOLIN (A.), 4, rue du Temple-Neuf, à Strasbourg.

161. Une Reconnaissance (épisode de la campagne d'Italie).
162. Voitures et Bagages (armée d'Italie).   Aquarelle.

VERNAY (François), 34, montée Saint-Barthelemy, à Lyon.

163. Paysage, environs de Crémieux (Isère). Effet du matin.
164. Fleurs et fruits.

VEYRASSAT (Jules-Jacques), 7, boulevard des Martyrs, à Paris. — Membre de l'Académie de Rotterdam. — Médaille d'or à Rouen ; — d'argent à Dijon, Troyes, Bayonne ; — de bronze à Metz, Nantes, Rouen, Besançon, Melun.

165. Relais de Chevaux de halage.
166. Paysage, crépuscule.   Pastel.

WATRIN (Albert), 25, rue Jurue, à Metz.

167. Paysage.   Étude d'après nature.
168. Tête de jeune fille.
169. Soldats.   Appartient à Mme R.

PREMIER SUPPLÉMENT.

DEMOGET (A.), architecte de la ville de Metz, rue Bonne-Ruelle, à Metz.

Projet de musée pour la ville de Metz.

170. Plan du rez-de-chaussée.
171. Id. du premier étage.
172. Coupe de la cour intérieure.
173. Élévation sur le jardin.
174. Id. principale.

Maison de M. Ch. Vallette.

175. Élévation principale.
176. Id. sur la cour.

MIGETTE (Charles-Joseph-Auguste), à Metz.

177. Commencements de la République messine.

Élection du premier maître-échevin, en 1170.

178. Splendeur de la République.

L'empereur Charles IV à Metz, en 1356.

179. Force et énergie de la République.

Les Messins résistent à Charles VII, en 1444.

180. Fin de la République.

Entrée du roi Henri II à Metz, en 1552.

181. Peste de 1509.

Réjouissances ordonnées par le magistrat.

182. La Vallée de la Moselle ; vue prise du palais de justice. Fusain.
183. L'Esplanade ; vue prise du palais de justice. Id.
184. Incendie. Id.
185. Souvenirs de Luxembourg. Id.
186. Vue prise de l'Esplanade. Dessin.
187. Bords de la Moselle. Id.
188. Les Romains devant Metz ; vue prise de la place de la Comédie actuelle. Id.
189. Vue prise à Schengen (grand-duché de Luxembourg). Id.
190. Supplice du soldoyeur Broche, en 1498. Id.
191. Saint Arnould quitte la cour du roi Dagobert, en 626. Id.
192. L'empereur Charles IV à Metz, en 1356. Id.
193. Triomphe de messire Jehan, le tailleur d'imaiges, en 1510. Id.
194. Les Tonneliers de Metz, en .... Id.
195. Destruction de l'abbaye Saint-Arnould, en 1552. Id.
196. Révocation de l'édit de Nantes, en 1686. Id.
197. Rétablissement de Louis le Débonnaire dans la cathédrale de Metz, en 835. Id.

198. Réjouissances populaires, en 1490; vue prise
 de la place de la Comédie. Dessin.
199. L'empereur Charles V à Metz, en 1540. Id.
200. Vue de la Poudrerie, en 1846. Id.
201. Exécution des frères Baudes, en 1555. Id.
202. Les Messins surpris par le sire de Pierre-
 fond, en 1372. Id.
203. Massacre des Juifs de Metz par les premiers
 croisés, en 1095; vue prise du Pontiffroy. Id.
204. Vue de la Poudrerie de Metz, en 1849. Id.

LEPETIT (Victor), quai Saint-Pierre, à Metz.

205. Enfants. Terre cuite.
206. N'y touchez pas. Groupe en terre cuite.
207. Plat orné. Terre cuite.
207 bis. La Rose en danger.
 Photographie d'après un groupe brisé.

PÊCHEUR (Ernest), rempart Serpenoise, 19, à
 Metz.

208. Portrait de M. Castérès.
209. Portrait de M. X.

CATHELINAUX (Christophe), 11, rue de Chabrol,
 à Paris.

210. La Nourrice.
211. La Rosse.
212. Coco, cheval arabe.

WENKEL (Karl), rue Serpenoise, à Metz.

213. Un chien de Terre-Neuve.
214. Portrait de M. Cremer, statuaire.
215. Tête d'étude de femme.   Pastel.
216. Paysage, avec animaux.   Id.
217.   Id.   idem.   Id.

HUSSENOT (Joseph), à Versailles. — Élève de M. Hussenot et de l'École impériale des beaux-arts. — Professeur de dessin à l'École de Saint-Cyr.

218. Adoration des bergers.

MARÉCHAL père. — Officier de la Légion d'honneur, à Metz.

219. Têtes d'étude.   Pastel.
220.   Idem.   Id.
221.   Idem.   Id.
222.   Idem.   Id.
223.   Idem.   Id.
224.   Idem.   Id.

FLEURY (Mlle Octavie).

225. La Mendiante.
226. Les Nouvelles du pays.